김선보 시집

달빛 먹는 날

청옥

●●● 시인의 말

뭔가를 간절히 갈구하면 이루어지듯이 글을 쓴다는 것 또한 그러하겠지만 쉽지가 않습니다.

누군가가 이 글을 읽고 어떤 생각을 할까를 고민도 해봅니다. 가슴에 와 닿는 하나의 문장이라도 기억하면 만족하겠습니다.

한 편의 시를 몇 번을 수정하고 또 수정하여 세상에 나온 것이라 나에겐 모두가 소중하기만 합니다.

독자 여러분도 나름의 기준이 있겠지만 부담스럽다는 느낌을 받지 않기를 기대해봅니다.

이 책이 나온 것도 혼자만의 노력으로 이룬 것이라 미숙함이 있겠지만 모쪼록 졸작이라도 새로운 면으로 봐주기를 감히 말씀 드립니다.

먼저 가족들에게도 고맙다고 말씀을 드리고 삼육부산병원 720병동 수간호사님 이하 모든 간호사 여러분들에게도 감사드립니다.

또한 환자분들 쾌유를 진심으로 바라마지 않습니다.

특히 청옥문학의 끝없는 발전을 기원하고 최경식 회장님 이하 모든 관계자 분들에게도 감사드립니다.

2018년 어느 겨울

차 례

1부 가을 소리

2부 나는 누구인가

3부 마지막 한 장의 달력

4부 비망록

5부 어둠속 별빛

6부 잔 속에 나를 담고

1부

가을 소리

가을 소리

계절을 건너 가을로 물든 작은 텃밭 언저리
줄지어선 고춧대 끝에 고추잠자리 졸고
빨간 고추 위로 미끄러지는 햇살

가을볕에 노랗게 익은 감은 홍시가 되고
높은 하늘에 한 점 구름만 흐르고
텅 빈 들녘에 산 그림자 깔린다

밭두렁 넘어오는 바람에 지친 몸 잠깐 쉬고
들릴 듯 말 듯 속삭거리는 풀벌레 소리
허공 속으로 사라진다

가을 소리는 가득하나 비어있는 듯 고요하고
내 마음속 아련한 추억의 한부분이
쓸쓸한 무상無常으로 나부낀다

가을은 늘 그 자리에

깊고 푸른 하늘 아래에 둘이서 손잡고
무작정 걸으며 노래하고,
가슴 설레는 이야기에
가을은 늘 그 자리에 있었다

갈바람에 알알이 붉게 물든 사과 같이
우리만이 알고 있는
탐스런 사랑 이야기에
가을은 늘 그 자리에 있었다

둘이 걷던 길을 따라 수놓은 낙엽을
밟으며 미처 다하지 못하고
돌아선 이야기에
가을은 늘 그 자리에 있었다

호수에는 가을바람에 낙엽이 떠돌고
홀로 눈물짓게 하는 한 잔의
커피에 담긴 추억에
가을은 늘 그 자리에 있었다

거울 앞에서

하루의 시작에 앞서 중년의 남자가
거울 속에서 웃고 있다
삶을 같이 하면서 힘들 땐
아파하고 즐거울 땐 같이 웃어준다

가끔 쓸쓸할 때 한동안 서로 쳐다보다
싱긋이 웃으며 되돌아서 마음을 달래며
내일을 기약한다

중년을 훌쩍 지난 남자는 연륜이
쌓이는 만큼 훗날 어떤 얼굴을 남길지를
가끔 생각해본다

거울의 먼지를 닦듯 마음속 먼지를 닦고
하루하루를 후회 없는 진솔한 삶을
살 것을 약속한다

겨울이 없었다면

겨울의 추위가 없었다면
한 장의 연탄이 귀중하다는 걸
어찌 알았겠는가

외로움과 추위에
잠 이루지 못하는 우리 이웃의
시린 마음을
어찌 알았겠는가

이 겨울이 지나도 웃을 수 없는
사람이 있다는 것을
어찌 알았겠는가

바람 부는 겨울밤이 없었다면
그대와 나의 따뜻한 사랑을
어찌 알았겠는가

봄꽃의 아름다움을
그 향기가 어디서 왔는가를
어찌 알았겠는가

언 땅을 뚫고 올라온
풀 한포기 조차 귀중함을
어찌 알았겠는가

겨울의 추위가 없었다면
이웃의 따뜻한 마음과
겨울의 소중함을 어찌 알았겠는가

고향은 거기 있는데

찬 이슬에 젖은
코스모스 가녀린 목에
달빛 내리고

길게 목을 빼고 수탉 홰치는 소리는
새벽을 깨우고
쇠죽 끓이는 내음이 푸근한 내 고향

큰 산 고요한 호수는
새들의 노랫소리에
파문 일고

울긋불긋 단풍 든 마을에
삽짝 밖 아이들 뛰어노는 소리에
덩달아 신나는 삽살개가 있는 내 고향

낯익은 그 길은 그대로인데
삽짝 밖 삽살개도
아이들 웃음소리도 없건만
허연 머리에 주름진 얼굴을
고향은 날 알아나 볼까

계절의 시간

속 끓는 그리움으로 뜨거운 몸살을 하고
나날들의 기억들이 시간과 함께
쌓여가는 세월

돌고 돌아 제자리를 찾아오는 계절에
한 잎 낙엽에 걸린 초승달은
만월滿月을 띄우는 그날을 기다린다

저마다 아름다운 계절의 시간은
바람의 끝자락 같아
붙잡을 수 없는 것이 아플 뿐이다

과일

둥글게 잘 자란 먹음직한 과일을
한입 베어 씹다가
깊게 패인 하얀 속살을 보고
미안한 마음이 들어 슬그머니 쳐다보니
하얗게 웃으며
나로 하여금 세상을 둥글게 살라한다

구름 같은 생애

바람에 몸을 맡겨 흘러가는 구름이
노을에 물들고
제자리 없이 어디론가 떠난다

구름은 깃털 같은 시간을 지나
덧없이 사라지니
우리의 생애와 다를 바 없다

무심하게 흐르는 것일 뿐인데
우리는 삶을 이야기 하고
인생을 말한다

덧없는 인생살이에
있는 듯 없는 듯
서두르지 않고 쉬엄쉬엄 살아가리

그 시절은 가고 없고

강물은 옛 모습 그대로 굽이굽이 흐르고
산길 따라 발길 따라 오르던 때가
어제인 양한데 마음만 앞서구나

짧기에 강열한가
한철에 붉게 핀 꽃 낙화되어 흔적 없고
피고 지고 한순간
사랑도 짧아 갈대 되어 노을에 붉게 타네

그 시절 그리운 사람들은 가고 없어
언제 다시 볼까마는
지난 이의 발자취만 남았구나

그리움은 바람이 되어
변함없는 산천을 돌아가고
멈춤 없는 야속한 시간만 흐르네

그리움

말없이 왔다가 말없이 가는 사람
기다림만 더욱 깊어지니
오는 대로 두었다가 가는 대로 둔다

오고 가는 사람은 더없이
원망스럽지만 잠시나마 내 그리움을
달래주니 가는 길을 막을 수가 없다

이리도 내 마음 몰라주니
빛바랜 연애편지 같은 그리움에
내가 얼마나 더 아파해야 알아줄까

세상의 그리움은 모두가 하나인데
먼 훗날을 생각하여
이제 그만 가는 길을 멈추어다오

그림자

그림자는 발아래서 뒤를 따르거나
앞서가기도 한다
그림자는 길게 혹은 짧게 누워
자신의 길이만큼 자리를 지킨다

밝은 세상에 그림자는 눕는다
검은 밤에 주위의 모두가
어둠이 되면 밤의 고요 속으로
몸을 숨긴다

한여름의 그림자는 길게
멀찌감치 누웠다
키 큰 나무의 그림자는
높이만큼의 쉼터를 내어준다

가끔 삶의 방향에서 흔들려도
앞서가는 그림자는 이정표가 되어
가야할 길을 바르게 찾아주기도 한다

해를 등지고 누운 그림자가 없다면
기댈 곳 없이 누운 사람의
아픔을 알지 못할 것이다

기다림

겨울 지난 풀섶에 들꽃 살며시 고개 내밀고
발길 드문 골 깊은 산골에는
물오른 나뭇가지에 새소리 길게 운다

꽃잎이 열리면 벌 나비들이 분주하게 드나들고
신록의 산은 생명들을 품고
적막한 산골에는 매미 울음 소리만 요란하다

바람에 억새풀 살랑이며
하얀 달 둥우리로 줄지어 기러기 날아가고
꽃이 진 자리에 단풍나무 불붙어 그리움이 탄다

골 깊은 산골에는 찬바람만 지나가고
눈꽃 피운 가지에 웅크리고 있는 까치 한 마리
누굴 기다리나 혼자 졸고 있네

꿈속의 낡은 의자

삐걱 이는 다리로 힘겹게 버티며
그 자리를 지키는 낡은 의자는
지나가는 이의 노곤한 몸을 기어이 받아준다
어느 날 낡은 의자가 보이지 않았다
힘에 겨워 더 이상 버틸 수 없었던 의자는
어느 시골 집 불쏘시개가 되어
마지막 불꽃을 피우며 노부부의 아랫목을 데운다
한 번도 누워 쉬어본 적 없는 낡은 의자는
비로소 편하게 다리를 펴고 깊은 잠에 빠진다
그가 떠난 빈자리를 어느 숲의 나무가
의자가 되어 그 자리를 지키며 앉아있다
보잘것없는 낡은 의자였지만
모두가 편히 쉬어 갈 수 있었던 그때가
행복했노라고 꿈속에서 활짝 웃는다

꿈을 꿈꾸다

오지 않을 것 같은 꿈일지라도
언제까지나 기다리리라

번개처럼 잠깐 빛나도
길을 걷다 가끔 발길에 차이는
그리움 같은 것일지라도

하루의 끝에서 만나지 못해도
주어진 시간이 많다는 것을 알기에
나 이대로 꿈을 꿈꾸며 살리라

어느 날 갑자기 찾아올 수 있으니
생이 다하는 그날까지도
나는 꿈을 놓지 않으리라

2부

나는 누구인가

나는 누구인가

푸른 숲속 가지마다 부는 바람에
팔랑개비 돌던 나뭇잎도 입을 다문 적막 속

하루의 끝에 산마루턱에 노을을 남기고
해는 달에게 자리를 넘겨주고

달빛 따라 서성이는 발걸음
번 갈음하는 자연에 귀 기우려보니
세상사 허무의 바람소리만 들린다

생명은 언젠가는 제자리로 돌아가는
자연의 이치에 내세울 것 없고 별것 없는
인생사에 한숨 내쉬고

달그림자를 베개 삼아 잠 못 들고 있는
나는 누구인가

나목裸木

버려야 할 때를 알기에 삭풍에 몸을 맡기고
하루하루를 견딘다

처음부터 내 것이 아니라 잠시 함께했을 뿐
내려놓을 것 다 내려놓고

얼어붙은 별빛을 걸치고
더 잃을 것 없는 것에 이유가 필요 없는 듯

찬바람에 거칠어진 몸으로 겨울을 버팀으로
침묵의 나목에 움이 튼다

나와 그대의 겨울

찬바람에 시린 맘 애써 모른 척 하고
나와 그대의 힘겨운 만남에
겨울을 이긴 사랑이 있으니

누구에게도 말 못 할 서러움으로
사위어가는 노을에 아픈 마음은
하얗게 쌓이는 눈에 눈물 자국 만들고

외로움은 그대가 있어 행복이 되고
슬픔은 그대 품속에서 기쁨이 되니
그대 마음으로 내 마음을 밝혀준다

찬바람 겨울을 견딘 사랑이 있어
밤하늘의 별들은 봄을 찾아 떠나고
나와 그대의 겨울에 꽃이 핀다

낙엽의 속삭임

빛 고운 낙엽이 제 할 일을 모두 끝내고
가벼운 몸으로 땅 위에 눕는다
낙엽 깔린 길에
누워 파란 하늘을 보라

지금 이 순간 네가 느끼는 대로
가슴이 말하는 대로 삶을 살아보라고
낙엽은 가만히 속삭인다

삶의 무게를 다 던져버린
파란 하늘의 한 점 구름 같은 삶은
땅에 누운 낙엽과 닮아있다

하나하나 닮은 듯 다른 낙엽은
누군가가 내려놓은 그리움 하나이며
눈물 한 점이고 추억 하나이리라

내가 너를 부를 때

멀어서
닿을 수 없고
안을 수 없는 것을 차마 사랑이라고 한다

멀어서
다가갈 수 없는 것들과
다가올 수 없는 것들을 차마 사랑이라 한다

멀어서
부를 수 없는 것들과
불리어질 수 없는 것들을 차마 사랑이라 한다

새벽안개 내린 오늘
네가 보고파 너의 이름을 가만히 불러본다

내가 너를 부를 때
너의 이름은 돌아오지 않을 메아리가 아닐진대

내가 너를 부를 때
정녕 너의 이름으로 불리어지는 것이 맞는가

내가 별이 된다면

검은 하늘 흐드러지게 핀 별들이
하얗게 쏟아질 것 같아
눈을 뜰 수가 없다

어둠이 별을 가슴에 품으면
그들마다 마음에 담은 이런저런
이야기를 들려준다

마냥 아름답게만 보이는 별들도
아픈 이야기를 담고
밤하늘의 별이 되었나보다

내가 별이 된다면
밤하늘 무수한 별들 속에서
잠 못 이루는 이들에게
어떤 얘기로 그들을 꿈꾸게 할까

논에 핀 풀꽃

어쩌다 풀꽃이 논에 피었나보다
흙이 속살을 보이며
뒤집혀지니 풀꽃은 속절없이
흙 속으로 파묻힌다

농부의 마음은 그러지 않을진데
너의 짧은 봄날로
볍씨는 알곡이 되어 귀중한
곡식이 될 텐데 어쩌랴

눈에 담아 두고두고 보아도
싫증나지 않는 모두의 꽃
어디서나 볼 수 있는 작고 고운 꽃

어쩌다 논에 피어 짧은 봄날을
살다 간 풀꽃아 다음 생은
산과 들에 피어 심중의 꽃이 되어다오

눈 내리는 날

어둠을 헤집고 무수한 눈송이들이
소리 없이 흩어져 내린다
어느 것도 가릴 것 없이 똑같은 두께로
대지에 골고루 하얗게 쌓인다
버릴 건 버리고 잊을 건 잊으라고
더욱더 세차게 내린다
아침에 동이 트면 세상은
한 점 묵화로 펼쳐질 것이다
지나온 길은 어느 것도 가릴 것 없이
눈 속으로 하얗게 묻힌다
눈 내리는 날 오랜 그리움이
아득한 곳 까지 건너가면
비로소 때 늦은 사랑이 찾아올 것 같다

눈물

육체를 짓밟고 있는 아픔으로
혼란스러운 오늘을 지울 수
있다면 뜨거운 눈물로 울어보리라

가슴에 맺힌 응어리를 밀어내고
살아갈 수 있다면
기쁨의 눈물로 마음껏 울리라

내게 간절한 소망 하나 있으니
그 소망이 이루어지는 날
또한 뜨거운 눈물을 보이리라

이렇도록 간절히 원하는 것들이
이루어지는 날이 온다면 감사의
뜨거운 눈물을 흘리리라

임의 미소

어지러운 세상 속
찬바람에 다소곳이 피어 있는
매화 같은 임의 모습

붉은 뺨에
깊은 듯 그윽한 눈매
사랑 머금은 얼굴에 엷은 미소

작은 뜨락에 묵묵히
꽃 가꿈하며
잡다한 마음 구석 비질하고

은은한 풍경 소리는 귓전을 돌아
멀리 사라지고
임의 미소 절로 번진다

다향茶香

한 잔의 차를 두 손에 받쳐 들고
입술에 살짝 대어본다

온몸으로 파고드는 향기
이 순간만큼은 한없이 자유로운
영혼이 된다

머릿속을 텅 비워내고
깊은 생각에 들면
인생사 복잡한 흐름을
잠시나마 잊게 한다

한 잔의 차를 가꾸는 힘든 손길로
이렇게 향기로 찾아오기까지
한숨 돌리듯 찾아왔을까

달맞이꽃

숲속 청아한 개울물 소리 타고
어둠이 내리면
뭇 생명들이 잠이 들고
홀로 고요히 달맞이하는 너

아침 햇살에 등 기대어
산을 오르면

밤새 달맞이 하느라 잠 못 이루고
이슬 머금고 졸고 앉아
발걸음을 잡는 너

혼탁한 세상을 비켜나
오늘 밤도 고요히 달맞이 하며
가슴으로 살아가는 너

달빛 먹는 날

고달픈 삶을 지고 가는 이의
어깨 위로 밤하늘의 둥근달이
잔잔한 빛으로 길을 밝혀준다

달빛 동그라미를 밟고 늦게까지 놀고
나를 부르시던 어머니의
다정한 목소리가 달빛 따라 들려온다

여름밤 칠남매 평상에 달빛 깔고 앉아
아버지 헛기침에 한 그릇 밥을
뚝딱 비우던 그때가 생각난다

아, 오늘밤 나는 달빛을 먹는다
가고픈 그 시절 밥그릇 가득히
그리움을 먹는다

떠날 보낼 수 없는 사람

운명처럼 다가온 당신은
내 마음에서 떠나보낼 수 없는
사람이 되었습니다

그대와 함께라면
바람에 날리는 티끌조차
우리를 위해 존재하는 것 같았습니다

행복한 날들 속에서
가끔 당신의 웃음 끝에
불안한 기운이 드리워지곤 했습니다

외로움만 남기고 한마디 말도 없이
떠나 그리워도 만날 수 없는
당신이 되었습니다

영원히 내 마음에서 떠나보낼 수 없는
사람으로 남아서
밤마다 나를 괴롭힙니다

3부

마지막 한 장의 달력

둥지의 꿈

한가하게 놀던 구름이 강물 따라 떠나고

산마루 노을에 붉은 시름 드리워 놓는다

어둠은 밤하늘을 만들어 별자리를 펴고

키 작은 늙은 소나무 위 위태한 둥지 하나

저 홀로 서러운 긴 밤의 꿈이 애달프다

만남의 날이 오늘이기를

낙엽 진 겨울나무 가지에
찬바람이 붑니다
당신이 떠난 자리에도 찬바람이 붑니다
늘 당신의 자리를 비워둡니다
마지못해 떠난 것을
나는 알고 있기 때문입니다

이별의 슬픔을 알기에
만남의 기쁨도 알고 있습니다
사랑의 소중함을 알기에
미움의 마음 또한 알고 있습니다

떠나는 날 흔들리는
당신의 눈동자를 보았습니다
보지 말아야 할 것을 본 것 같은
느낌이었습니다

매일 저녁마다 당신이 그리워
잠 못 이룬 날이 많습니다

당신 또한 나를 그리워하며
이 밤 잠 못 들고 있겠지요

떠남이 힘든 만큼 돌아오는
발걸음도 힘든 것을 압니다
이별의 시간이 멀고 길어도
만남은 순간입니다

당신의 마음이 허락하는 날이
오늘이기를 바라며
다가올 만남에 기다림이
헛되지 않기를 간절히 염원해봅니다

떠나는 날 당신의 뒷모습에서 보았던
슬픔의 그림자를
다시는 보고 싶지 않을 뿐입니다

마지막 한 장의 달력

벽에 붙은 마지막 한 장의 달력이
추위에 떨고 있다
모진 인생사 견디며 살자고 했지만
삶에 지친 몸만 덩그렇게 남았다
이제 후회를 걷어내고 앞만 보고
가자고 마지막 날짜에 점을 찍는다
한 달 한 달을 미련 없이 보내고
이제는 달력을 한 장씩 찢을 때마다
경쾌한 소리를 낼 수 있는 참된
삶을 보내련다
하루하루 의미 있는 시간을 갖고
새 삶의 시작을 위해 돌아오는
밝은 해를 기다리며 오늘 밤 행복한
내일을 위한 꿈을 꾸어보련다

만남이 올 때

최선을 다해 삶을 살아가고 있으니
기다림이 헛되지 않을 것이다

이 땅에서 함께 살고 있다는 것을
큰 위안으로 생각하자

삶이 버거워 지쳐도
지난날들이 아름답게 기억될 것이다

기다림이 만남이 될 때
헤어지는 아픔은 영원히 없을 것이다

이제는 늘 같이 있어도 행복이 부족한 듯이
살아가는 우리가 되자

만족

구하고자 하는 것을
얻지 못하면 괴로움이고
구하는 것을 내려놓는 것 또한
괴로움이 됩니다

적당히 채워가며 사는 삶은
즐거움을 주지만
끝없이 채울 때 탐욕이 됩니다

가장 적은 것에
만족하는 사람이 현명하고
가장 부유한 사람임을 압니다

짊어지고 있는 짐을
하나씩 내려놓으면
삶은 훨씬 더 가벼워짐을 압니다

만족하며 사는 것이
가장 마음 가득 충만감을 주는
최고의 선물이지만
쉽지 않음은 어찌해야 하나요

매화

고운 꽃잎 바람에 흩날릴 때
임 보고파 달빛 따라 기러기 한 마리 외로이 날고

달빛 교교히 흘러내리는 한밤에
새악시 수줍게 고개 숙이고 문밖 인기척에 놀란다

달은 빛을 매화는 향기를 보내니
매화와 달은 하나가 되니 개나리 되돌아 시샘한다

짧게 피었다 가는 봄 손님 없다면
그 옛날 선비의 고결한 정취를 어디에서 찾아볼까

매화꽃 피기까지

햇살은 구름을 헤치고
언 땅을 깨워 봄빛 올리느라
마음이 급하고

바람은 햇살 타고
매화꽃 웃음 재촉하며
어린 가지 흔들며 보채고 있다

물오른 나무는
꽃 피는 꿈을 꾸려고
양지바른 졸음을 졸고 있고

애타는 마음을 알기에
봄은 이미 환하게 웃고 있고
매화 꽃 뜨겁게 피어난다

먼 기억 속의 여자

한 여자가 홀로 바닷가를 걷고 있다
마음마저도 가 닿지 못하는
저 바다의 아득한 깊이에 잠자고 있는
낯선 기억들

그 속에서 한 여자를 보았다
그 여자의 시간은 강인하고,
고달프고, 무거웠다

시간이 명멸하는 빛으로 부서지는 속에
여자는 해안의 끝으로 사라지고
파도는 짙은 어둠을 몰고
밤새 부서지고

알 수 없는 생각에 밤을 보내고
파도가 아침 햇살을 튕겨내는 이른 시간
낯선 기억 속의 여자가
홀로 바닷가를 걷고 있다

멀리 있는 친구에게

그곳에서도 잘 지내고 있을 친구야
머리에 흰 서리가 내려도
항상 젊을 적 그 모습 그대로 기억되지
가끔 소홀히 하더라도 네가 서운하기보다도
오히려 내가 미워졌었지
잘못이 있어도 감싸주고 이해 해주니
우리에겐 위선도 체면도 필요 없었지
늘 변함없이 그 자리에 있어주어 고맙고
내가 원할 때 언제고 찾아갈 수 있고
내가 필요할 때 모두 제쳐두고 와주는
네가 있어 고마웠다네
평소에 말이 드물었지만
마음 따뜻한 사람이 바로 자네였지
내가 비록 못났지만 자네한테 만큼은
없어서는 안 될 친구로 남고 싶었다네
하지만 야속하게도 시간이
기다려 주질 않아 가슴만 미어지네
멀리 있기에 더 그리운 친구야
자네 마음을 헤아려 주지 못해 세상을

잘 못 살았다는 자책감이 떠나질 않네
그곳에서는 마음고생은 멀리 보내고
걱정 없이 잘있게나
훗날 만나서 못다 한 이야기 밤새 나누세
그리운 친구야 그날까지 잘있게

멈추지 않을 바람이라면

바람이 내 마음을 스쳐 지나면
슬픔이 밀려 온다네
바람이 그치면 내 마음도 그치겠지

지나는 바람아 어차피 불 것 같으면
세차게 불어다오

흔들리며 자라는 나무처럼
찬바람 부는 세파에도 견뎌보련다

바람의 마음은 한결같지만
내 마음이 흔들리는 것을 이제야
알겠네

멈추지 않을 바람이라면
세차게 불어다오
흔들리지 않는 삶이 어디에 있겠는가

오늘의 바람을 이긴다면
내일의 바람에는 웃을 수 있겠지

무위자연無爲自然*

위태한 바위는 뿌리 깊은 나무가
받혀주고

물은 연못을 이루나 요란스럽지
않으며

고목을 누가 애처롭게 여기리오
바람이 놀다가네

꽃은 필 때 향기를 토하여 벌들을
불러들이고

새는 빈 산을 위로하느라 목청껏
노래하니

무위자연의 삶은 더할 나위 없이
아름답네

* 무위자연; 사람의 힘을 더하지 않은 그대로의 자연.

무지개

길이 이것밖에 없는 것도 아닌데
이겨야만 살 수 있는 험한 길을 선택한다

파도치는 세상에 휩쓸리지 않게
부지런히 앞만 보고 간다

삶에 지쳐 한 잔 술로 위로받고 도심이
내려다보이는 산동네 집으로 찾아 든다

남은 힘을 다하여 떨어질 듯
매달린 아침 이슬에
한 가닥 빛이 스칠 때 무지개가 걸린다

보리밭

바람에 물결 이는 보리밭
밭두렁에 제비꽃 피어나고
보리피리 소리에
종다리 하늘 높이 날아오른다

개울물 따라 풀꽃이 하늘거리고
개구쟁이들 보리깜부기
까맣게 먹고
검은 입술 하얗게 웃네

보리밥 한 그릇 앞에 두고
보릿고개 서러운 기억에
한 많은 노인네 주름진 눈가에
이슬 맺힌다
저 멀리서 놀고 있는 아이들 모습에
꿈길 속의 어머니가
고개 들고 활짝 웃고 있다

봄날은 반드시 온다

겨울을 견딘 나무들이 연초록
옷을 입고 숲을 열 듯
봄날이여 내게 오라
언제나 열려있으니 그냥 오라

매화꽃 피는 날 첫사랑이 찾아오듯
살포시 미소 지으며 오라

언제나 맞이할 준비가 되어있으니
머뭇거리지 말고 실바람처럼 오라

기다림이 길어지면 아픔도 길어지니
의심 없이 건너오라

나는 의심치 않는다
봄날은 고양이처럼 온다는 사실을
저산 너머 건너오는 바람 따라
지저귀는 새 소리도 함께 온다는 것을

봄은 파스텔이다

세월을 헤아릴 필요조차 없을 만큼
햇빛 맑은 푸름으로 봄은
언제나 그 자리로 찾아오네

겨울 지난 자리로 싱그러운 솔바람 타고
산새의 노랫소리와 함께 오네

나무들은 다투어 새 옷으로 갈아입고
온산은 초록의 이파리로
실바람에 물결치듯 아우성치네

흐르는 물은 길목을 빠르게 휘돌고
아지랑이 가물가물 꽃피니
봄은 내게 언제나 파스텔이네

4부

비망록

비망록備忘錄

시간을 갉아먹고 걸어온 먼 길이
어떤 삶이었는지 생각이 나
시간이 멈춘 숲의 길로 걸어가 본다

희미하게 동이 틀 무렵
안개 사이로 계곡물 소리 들리고
침묵의 산이 말하는
삶이 무엇인지 되짚어본다

세월의 무게를 견딘 바위에 앉아
새순 가지 푸른 손짓 따라
조잘거리는 개울에 꽃잎 하나 띄워본다

나의 비망록은 시간이 흐를수록
두꺼워지니
지난 세월의 찌꺼기를 잡고
마냥 뭉그적거리고 있다

빛의 상처로 색은 태어나고

산마루 잇대어 내려앉은 일몰의 시간
색들은 어둠의 깊은 바다로 하나씩 녹아들고

물속의 색들은 잠들고 해가 수면을 스칠 때
빛은 색들을 흔들어 깨운다

새벽의 색들은 빛의 상처로 다시 태어나지만
어제의 색들이 아니고

빛과 색들은 하나로 섞이지 않고
빛의 상처로 색들은 새롭게 끊임없이 계속된다

사람과 나무의 삶

나무들도 떠나간 새들을 만나기 위해
그 자리를 지키듯
우리도 다시 만날 것을 기다리며
그리움을 안고 살아간다

살면서 어쩔 수 없이 상처받을 일도
있을 수 있지만
생채기 난 나무도 아무 일 없듯이
바람에 가지를 흔든다

아픈 마음으로 남몰래 밤을 지새우고
웃고 있는 이들이 있듯이
나무도 혹한의 아픈 나날을 견디고
무심한 척 꽃을 피운다

혼자서 힘든 세상을 살아갈 수 없어
서로 위로하며 살듯이
나무도 서로 뿌리를 맞대고 힘차게
하늘로 뻗어 오른다

사랑

사랑보다도 더 간절한 말이 없어
내 마음이 시려도 어쩔 수 없다

아무리 찾아도 찾을 수 없으니
마음이 먼저 물러나 버리니

그리움보다도 보고 싶다는 애타는
한마디를 하고 싶다

마음을 열지 않는다는 것은
받아드릴 마음이 없다는 것이니

마냥 속절없이 기다려보련다
그게 편할 것 같아서

가버린 사람

가버린 사람 그리워 아픈 가슴 안고
장밋빛 눈물로 기다려도
그 발길은 되돌릴 수 없는 것이지요

기다림에 지치고 외로워 딴 사랑 찾아
갔다하니 조금은 위안이 되는 마음은
어떤 이유 때문인가요

그대 빈 가슴에 깊은 상처만 남았으니
아픈 마음 모두 지우고
그 가슴에 씨앗 하나 심어보세요

꽃봉오리 펼치는 날
다시는 아프지 않을 사랑과 함께하며
부디 행복하기를 기원합니다

산 생활의 여유

바람에 진한 아카시아 향이 코끝을 스쳐가니
꿀이 익을 때 벗을 부르리라

발길 따라 산을 오르며 새소리 벗 삼아
유유자적悠悠自適 노닐어보세

호수 속 어스름한 달빛이 깔린 계곡물 소리
모두가 나와 벗의 것이 아닌가

산속에 들어오면 비로소 말없는 산을 헤아릴
수 있으니 마음이 가볍다네

머물다 가는 벗은 산의 여유를 가슴에 담고
일상으로 나가니 발걸음이 가볍네

산은 욕심이 없고 변함없이 나를 품어주니
말없이 그 속에 젖어 살고 싶다

산은 침묵으로 말한다

산은 우리를 기다리지 않지만
언제라도 찾아가면 길을 열어준다
오직 정상을 향해 산을 오른다며
주위의 아름다움을 볼 수 없다
쉼 없이 올라 정상에 서도
산을 내려올 때는 고개를 숙이고
발밑을 보며 내려와야 한다
산은 겸손한 마음으로 오르고
내려옴을 감사하게 생각해야한다
우리의 생과 다름없는 오름과 내림의
이치를 깨닫게 한다
항상 가까이에 있음을 감사해야하고
언젠가는 돌아가야하는 시간의
마침표가 그곳이 아닌가
산이 부르지 않아도 그 속에 들어가면
산의 침묵이 무엇을 말하는지
가슴으로 들을 수 있다

새벽 산을 오르며

이른 새벽 어스름 길에
푸른 옷 입은 산을 오르며
폐부 깊숙이 맑은 공기를 들이켜 보라

별이 수놓은 하늘에 어둠이 밀려나니
만물이 기지개 켜고
몸단장하는 생명들의 움직임이 바쁘다

물 맑은 개울에 피라미 힘차게 꼬리 흔들고
풀잎 위 한 방울 새벽이슬이
개울물에 떨어지니
놀란 물고기 바위틈에 몸을 숨기기 바쁘다

개울가 바위에 앉아 흐르는 물을 보면
주마등같이 스쳐가는 세월 속에
번거롭게 살아온 지난날들이 생각날 것이다

어느덧 시간이 주는 여유를 즐기는 나이가
되고 보면 돌이킬 수 없는
그 시절이 그리워지니

지난날을 그리워하는 것은
좋든 싫든 그 기억들이 우리들 마음속에
모두가 아쉬움으로 남아있기 때문이리라

삶은 기다림이다

언제 이루어질지 모르는 것에
기다림이 없다면
삶은 지루할 것이니
기다림은 설렘이며 꿈이다

기다림에 지친다면
길고 긴 겨울의
추위를 견디고 꽃을 피우고
열매 맺히는 저 나무를 보라

기다림에는 끝이 있어
쉼을 줄 것이고
언젠가 이루어진다는 것이니
기다리며 사는 것이
우리의 삶이리라

새벽안개 너머

새벽안개 속에 갇혀
제갈 길을 찾지 못한 사슴 한 마리
슬픈 눈망울로 짝을 찾는다

안개를 이야기하고 안개 너머
꿈을 꾸는 한 사람이
사슴 같은 눈으로
누구도 듣지 않는 노래를 하고 있다

안개가 산골짝을 빠져 오르니
나뭇가지 사이마다 투명하고 맑은
한 무리 빛이 내려오니
산은 깊은 숨을 토해낸다

새벽안개 너머로 희미하게 드러나는
발자국은 누구의 것인가
황량한 바람만 맴돌고 있다

생은 외로움 속에서

푸르스름한 새벽안개 속에
어스름하게 길이 보인다
어떤 길을 가야 할지는
들어서야만 알 것 같지만
잘못 들어선 길이라도
되돌아갈 수가 없다

길은 먼저 간 이의
행적을 남기니
바른 족적만 남기면 좋으련만
평탄하고 쉽게 가는 생의 길은
인색하기만 하다

내가 가야 할 길이 아니라면
멀고 먼 험한 길이라도
아무리 화려한 길이라도
머물 수 없고

되돌아보면 이 모두가 내가 선택한
길인 것을 어쩌랴
인생은 외로움 속에서
나의 길 하나를
만드는 것

세상이 술을 권하니

홀로 기울이는 술잔에 마음 아파해도
세상 무엇이 달라지며
누군들 알아나 줄까
세상사 힘들어도 그냥 바람처럼 살자
누구에게나 한 번 뿐인 인생
구름 같이 떠돌다 덧없이 사라지니
모두 부질없고 알 것 없어라
마음 따라 산을 찾아 올라보라
솔바람 소리가 나무 사이로 흐르고
갖가지 꽃들과 새소리가 서로 어울려
숲을 이루니 별것 아닌 인생
여기가 낙원이 아닌가
정상에 올라보라 구름이 펼친 바다에 첩첩이
솟아오른 산들의 장관壯觀을
혼자 보는 것이 다만 아쉬울 뿐이네

세월은 개울물 따라 흐르고

개울물 따라 아쉬운 날들이 흘러간다
흐르는 시간이 아까워 잡으려 해도
물살은 되돌아보지 않고
손가락 사이로 빠져 달아난다
떠내려 온 낙엽 하나가
바위틈에 걸려 간신이 빠져나와
어디론가 흘러간다
낙엽이 머물 곳은 어딜까
흘러간 지난날들은 아무 의미가 없고
속절없이 흐르는 시간이 야속해도
누군가와 함께한다는 것에
스스로를 위로하지만 한 번 빠져나간
물살은 되돌아보지 않고 달아난다
개울물 따라 아쉬운 날들이 흘러간다

수국

수국이 한 모금 비를 머금고
덩이덩이 피어 자태를 뽐내면
늦여름은 걸망 하나에 나그네가 된다

작은 모래톱 풀섶 위로
짙은 어둠이 내려앉으면
모래알 같은 별들이 쏟아져 내리고

아침 햇살은 바람을 잠재우고
홀로 가는 나그네 외로운 길 위로
고요가 깔린다

함박꽃 상현달로 질 때
수국을 앞세워 한바탕 비를 뿌리면
기어이 가을이 오고야만다

아들아 돈은 무엇일까

아들아
정신이나 의식이 물질의 산물이 아닌 오랜
시간 동안 바르게 이해된 요소로써의
돈은 반드시 필요하고 또한 그만한 가치가있다

아들아
돈이 없다면 이루고자하는 것이 물거품이 되니
꿈을 이루는 초석과 같다
하지만 얽매이지 않는다면 꿈은 현실이 될 것이다

아들아
돈은 어떻게 사용하는가에 따라 가치가 달라지므로
돈의 속성을 잘 이해하고
가치가 있는 곳에 바르게 써야할 것이다

아들아
돈은 쫒지 않고 찾아오도록 만든다면
언젠가 한번은 기회가 오니
지혜롭게 사용할 수 있는 안목을 갖추어야한다

5부

어둠속 별빛

아픈 사연을 가슴에 담고

가슴에 묻어둔 아픈 사연이 없는
사람이 어디 있겠습니까
그 아픈 기억과 그리움을
마음에 담고 살아가는 사람들이 있습니다

잠시 무거운 짐을 내려놓고 가벼운 웃음을
짓고 살다가도 가슴에 묻어둔
지난날의 아픔이 생각나면
가벼운 웃음조차 웃을 수도 없습니다

지금도 말없이 사는 우리 이웃도
마음속 깊이 묻어둔 아픈 사연을
어머니의 삶 같은 이야기처럼
가슴에 담고 말없이 살아가고 있습니다

꺼내기 싫은 삶과 그리움은
어느 누구에게도 말할 수 없는 사연으로
가슴에 깊이 숨겨두고
지난 세월을 잊고자함입니다

알 수 없는 삶

처음과 끝도 알 수 없이 그저 흘러가는 것이
우리의 삶인가요

한바탕 꿈처럼 찾아와서 바람처럼 머물다
흔적 없이 사라지는 것 인가요

삶은 어떤 이유로 와서 가는지
마음은 깊이를 알 수 없는 심연으로 빠져들고

모두를 알 수 없어도 한 생을 살다 가기엔
세상이 너무 아름다울 뿐입니다

어둠 속 별빛

어둠의 한편에서
밝게 빛나는 별빛에 꿈을 간직한 이가
별의 희망을 마음속에 품는다

어둠은 별을 가슴에 안고
너로 하여금 꿈을 간직하고
살아가는 이가 있다고 속삭여준다

별은 어둠이 깊을수록 더욱더 빛나니
어둠의 품속에서
별은 환한 웃음을 보낸다

어둠속 별 하나가 꿈을 간직한 이와
함께 별들의 향연에 초대받아
잊지 못할 추억을 가슴에 담는다

없음이 주는 것은

번잡스러움을 벗어나
자연의 품속에 둘러싸여 맑은 기운이 솟는
한적한 산사에서 자신을 돌아보라

포장된 내 모습을 한 꺼풀 벗기고 나면
텅 빈 것 같은 느낌이 드는
쓸쓸한 마음은 어디서 오는 것인지

소란한 소리가 없어진 시간
산사 주위에 적막이 감돌 때
그제야 풍경 소리는 잔잔한 제 소리를 낸다

마음속 어지러운 소리는
없어야 소리가 되고
그 소리마저 없을 때 소리가 들리게 된다

선방의 창살문에 비치는 달빛은
주위의 불빛이 없어야
비로소 바람으로 그림을 그린다

없어야 들을 수 있고
없음으로 볼 수 있는
작은 깨우침을 주는
산사의 시간은 마음을 가볍게 해줄 것이다

어머니의 마음

어머니의 마음을 알지 못했습니다
한평생 농사일로 삶의 모두를 희생하고
힘든 내색 한 번 않는 마음을 알지 못했습니다
가슴에 못을 박는 잘못을 해도
끝까지 기다려 주시는
마음을 알지 못했습니다
지친 노을로 물든 어머니의 생애가
가여울 뿐입니다
하지만 어찌 그 마음을 몰랐겠습니까
오히려 어머니의 마음이 야속했을 뿐이었습니다
용서받을 수 없는 어머니에 대한 잘못
때늦은 후회에 무슨 소용이 있겠습니까
환하게 웃으시는 모습을
꿈속에서라도 보고 싶습니다

여름날 아침

파란 하늘 아래 먼 산이 다가와
솜털 간질이는 바람으로
간밤에 젖은 깃 세우는 산새들

나무 등걸에 살짝 앉은 잠자리
바람 실은 날개 하늘로 날며

대지의 숨결에 밤새 젖은 이슬 머금은
이파리에 진주 방울은
아침 햇살에 무지개 만들고

푸르름으로 짙게 물든 새날의 시간 속
뭉게구름 하늘 아래 여름 아침이
활기차게 시작된다

왕버들 한그루

숲속 호수에 늙은 버들 한 그루
물 밑에 뿌리를 깊이 박고 우뚝 솟아올라
바람에 잔가지 손짓하며 서있다

늙은 버들은 뭍의 숲을 애써 외면하고
저 혼자 신록을 뽐내며
바람과 새들의 쉼터가 되어준다

물든 잎사귀를 뽐내다
그 속에 감춰 있는 색들이 다하는 날
물 위로 잎을 떨군다

달이 구름에 묻힐 때 빛의 잔영이
호수에 어슴푸레 떠돌고 버들은
겨울 속으로 깊은 꿈을 꾼다

외로운 날갯짓

가슴으로 석양을 받으며 하늘로
홀로 날갯짓하는 새는
저 넓은 숲을 터전 삼아서 살아가고

벼랑 끝 독수리는 저 혼자
파도치는 바다를 감당하며
먹이를 찾아 저 하늘 높이 솟구친다

수많은 새들이 날지만
자신만의 삶을 위해 날갯짓 하며
언젠가는 저 홀로 삶을 다할 것이다

만남과 헤어짐은 비켜갈 수 없고
어차피 외로운 날갯짓인 것을
낯설지 않은 삶인데도 새롭게 다가온다

우리의 사랑

조용히 피는 한 송이 꽃 변함없이
그 자리를 지키며 우리를 미소 짓게 하고
약간의 흔들림에도 멀리 향기를 보낸다

가을 낙엽같이 아름답고
일월의 눈 내린 새벽의 고요함으로
한 송이 꽃 같은 사람과 사랑을 하고 싶다

그대가 흘리는 기쁨의 눈물과
그대가 웃는 이유가 남이 아닌
나로 인한 것이라면 더없이 좋겠다

우리의 사랑이 이루어지지 않는다면
이 모두가 무슨 소용이 있으랴
이미 이루어진 사랑 앞에서
이 또한 모두가 무슨 의미가 있으랴

이런 사람이 있기에

사람 냄새가 나는 사람을 만나면
하루 종일 기분이 좋아지고

누군가 다가와 먼저 손을 내밀면
다정한 친구가 되고 싶고

가슴 따뜻하고 편한 사람을 보면
부담 없이 만나보고 싶고

사람과 사람 사이에 거리가 없는
이들이 곁에 있기에
아직까지 세상이 따뜻하지 않은가

이별 예감

이별도 예감이 있는 모양이다
나를 바라보며 언제까지
너는 이렇게 행복해할까

언젠간 내 옆에서가 아니라
네 자리에 있을 때가
행복하다는 것을 알게 되겠지

힘들고 괴롭지만
네가 웃을 수 있다면 널 보낼
준비를 해야지

돌이켜보니 가슴이 너무 아프다
내가 많이 아픈 만큼
너는 행복해야만 한다

이와 같이 살 수 있기를

키 작은 풀꽃이 비바람에 꺾이지 않듯이
강건하게 살 수 있게 하고

모래 알갱이가 모여 큰 모래톱을 이루 듯
작은 것에 소홀함이 없게 하고

숲이 바라는 것 없이 모두를 내어 주듯이
많은 이에게 베풀게 하고

물이 위에서 아래로 흐르는 게 순리듯이
자연에 순응하도록 하고

나무는 낙엽을 떨구고 겨울을 준비하듯
매사에 소홀함이 없이 살 수 있기를
생각해보는 하루의 끝이다

인연

어떤 인연을 만나는가에 따라
나의 삶이 달라진다면
오래된 친구 같고
서로의 가슴에 믿음 하나 심고
피고 지고 늘 함께하고 싶은
사람을 만나고 싶다

눈물로 젖는 날보다는
행복에 젖는 날이
많기를 바라고 우리만의 기억들로
가득하게 담고
살아가는 이유를 만들고 싶다

내가 그대 사람이란 걸
운명이라 생각하고
그대가 내 사람이란 걸 꿈같이
생각되기를 바라고 싶다

인연 따라 삶이 달라진다면
그대를 만나 불꽃같은 사랑을 하다
그 인연마저 태우고
연기처럼 사라지고 싶다

인생길

인생길을 되돌아보면
당연한 것들이
정말 소중함이었다는 것을 아는 것이고
지난 세월은 아쉽고 후회되는 것이며
한순간임을 아는 것이다

생은 한 치 앞도 알 수 없는
짙은 안갯속 길이다

많은 사람이 지나간 길은
특별한 것이 없는 것임을 아는 것이고

인생길 위에는
오롯한 행복도 불행도 없는 것이기에
주어진 길을 묵묵히
걸어가는 것이 우리의 삶이리라

자연은 메마른 가슴을 적셔준다

산모롱이 돌아 오르니
이른 아침 해가 빛살을 펼치고
바위 끝 노송 명암으로 묵화를 치고

산골짝 물소리 솔바람 따라 들리고
어젯밤 못다 꾼 꿈의 뒤끝을
가만히 낙서해보라

파란 하늘 아래 산들은 서로 손잡고
저 멀리 쪽빛 바다에
보이는 섬섬옥수 빛은 섬과 섬들

메마른 가슴을 적셔주는 풍경에
헛된 생각은 사라지니
자연의 파노라마에 흠뻑 취해보라

6부

잔 속에 나를 담고

잔 속에 나를 담고

술잔을 들고 슬픔과 외로움과
그리움을 함께 모아서 별이 떠있는 하늘과
건배를 한다

잔 속에 세상을 담고 나를 담아 마시니
허무한 인생사 잠시나마 잊고자
스스로를 위로한다

흩날리는 말들이 잔과 함께 부딪치고
자정을 훌쩍 넘긴 시간이
더 허무하고 아픈 이유가 무엇인가

내 안의 상처가 술잔을 깨고 허공을
진동하는 소리에
새벽 별들이 우수수 떨어진다

슬픔을 끝낼 수 있는 이 새벽이
이렇게 가슴 아프게 고마운 것을
미처 알지 못했구나

자연의 숨결

괴롭고 힘든 우리의 삶도 자연 속에 들면
시름에 찬 세상사를 씻어낼 수 있어
더없이 기쁘니 자연 앞에서는
거짓도 꾸밈도 필요 없다

산비둘기 울고 간 가지에 그 여운의
끝자락을 붙잡고 추위 머금은
매화꽃이 피니 꽃의 속삭임과
나무가 하는 소리를 듣고 바람이 전하는
소식을 들을 수 있다

때가 되면 절로 꽃이 피고 지듯
자연의 한 부분으로 세상에 와서
자연의 섭리에 따라 살면서
생을 이어가는 것이 우리들이다

자연이 내어주는 대로 받아들이고
더불어 사는 것이 행복의 하나이니
경이로운 자연을 노래하고 자연의
시詩를 읊조려본다

죄의 바다

바다는 뜨거운 해를 품고
생명을 탄생시킨다

생명의 오만으로 바다는
스스로 죄를 만들고

아픈 가슴으로 산산이
부서지는 파도가 되어

매일 울음 울며 짜디짠
고뇌의 눈물을 흘린다

지난 것에 대하여

지난 세월 잘못된 인연으로 여러 사람이
눈물짓고 상처받았어도 지금에 와서
괴로워하거나 슬퍼하지 말자
뒤늦은 뉘우침에 명치끝이 아파와도
어쩔 수 없는 일이다
후회한들 돌이킬 수 없고 아파한들
소용이 없으니 오히려 독이 될 수 있고
내일의 걸림돌이 될 수 있기 때문이다
다만 다음에는 되풀이하지 말자
자신의 의지와 상관없이 흘러가는 것이
우리의 삶이 아닌가
찬바람에 떨어진 낙엽은 거름이 되어
울긋불긋 다시 물들 것이다
지나간 것에 대하여 훌훌 털어 버리고
미련도 두지말자
인생은 오늘의 나 안에 있고 내일은
스스로 만든다

청춘

청춘의 끓는 열정은 끝이 없고
현실에 안주하지 않고 이상을 가지고
도전할 때 젊음은 아름답다

그 어디에도 견줄 수 없고
그 자체로도 아름다우니
내일을 향한 꿈마저도 빛난다

꿈을 현실로 바꿀 수 있는
열정으로 가득하기에 젊은 그들의
미래는 언제나 열려있다

이제 다시 되돌아가지 못할
아름다운 시절이여
다시 한 번 내게로 찾아오라

친구여 서로 연락하며 사세

친구야 산다는 게 별거 있겠나
못난 친구라도 가끔 안부나 묻고 살아가세
세상사 힘들어도 목소리라도 듣고 사세

우리의 지난 우정을 생각해보세
쉽게 변할 수는 없지 않은가
언젠가 자네도 간절할 때가 있을 것이네

우리가 이 세상 살면서
수많은 사람 중에 몇 사람이나 만나겠나
인사정도 나누다 가는 것을

덧없는 세월 흘러가기 전에
자주 만나 보고 사세
자주 만나야 정도 들고 또 자주 만나야
멀어지지 않을 것 아닌가

사는 게 바쁘다면 바쁘고
여유 있다면 여유로울 수도 있네

자네나 나나 마음먹으면 언제 어디서나
만날 수 있지 않은가
친구여 서로 연락하며 사세

편지

누군가가 생각나는 계절이 왔습니다
이 허허로움이 가을바람에 묻혀
어디론가 떠가고 있습니다

흩날리는 잎사귀를 보며
낙엽 진 나무처럼 가벼운 마음으로
쓰다 남은 편지를 써봅니다

그리움을 멀리한 시간이 너무 길어
눈부시게 빛나는 가을 속에서
가슴으로 써내려갑니다

잊고 지낸 그 사람 이름을 떠올리며
그리움 담은 가을 편지를
바람과 함께 띄워 보냅니다

하늘은

하늘은
언제나 열려있기에
열려 있는 만큼 얼마든지 받아준다

하늘은
항상 비어있기에
비어 있는 만큼 넉넉히 다 품어준다

하늘은
모두 담을 수 있기에
담은 만큼 아낌없이 모두 내어준다

하늘은
내려다볼 수 없기에
올려다보아야 숭고함을 알 수 있다

하루의 여행

어느 날 하루쯤 시간을 내어
발길 따라 목적지 없는 혼자만의
여행을 떠나고 싶습니다
마음의 짐을 내려놓고 무작정
떠나고 싶습니다
오며 가며 여러 사람을 만나
나를 찾아보고 싶습니다
길을 가다 노부부의 다정한 사랑을 만나고
어부의 활기찬 삶을 보고
고되지만 행복한 농부의 모습을
만나보고
한결 가벼운 마음으로 길을
떠나고 싶습니다
숲길에서는 나무의 소리를 듣고
바다에서는 파도의 힘찬
소리를 듣고
하늘에 구름이 떠가는 것을 보고
가만히 나를 새롭게
들여다보고 싶습니다

한밤이 되면 하늘의 무수한 별들이
떠있는 우주의 신비를 생각하고
오늘 하루 일상의 경험을
잊지 못할 나만의 이야기로 만들어
행복을 만끽하고 싶습니다

한여름 밤의 꿈

분꽃, 접시꽃, 수국, 백합, 백일홍,
초롱꽃, 해당화 꽃들이
여름의 향기로 어둠 속에 스며들고

풀벌레 소리 밤의 정취를 돋우고
방문을 스쳐가는 한 줄기 바람에
문풍지 파르르 울린다

달빛은 꽃향기 가득히 담고
창으로 가득 밀려들고
치마 끄는 소리 수줍게 건너오고

밤의 꽃들이 펼치는 향기에 취해
손끝에 옷고름 떨리고
달빛에 드러나는 고혹적인 몸매

아득한 운우지정雲雨之情에
한여름 밤은 깊어 가는데
눈치 없는 햇살이 꿈을 깨우네

한 잔의 커피

일회용 커피 한 잔의 구수한
향기와 단 맛에
커피 주는 줄 모르고 먹다보니
종이컵 바닥이 아른 거린다
딱 한 잔의 커피가 각자의
삶의 몫인 것을
마지막 한 모금 마시고 나면
누구나 빈 종이컵 하나

한해살이 곤충의 죽음

여름 풀밭 곤충들은 부산하게 움직이며
길고 긴 여운을 남기고

가을 풀숲의 곤충은 겨울의 시간을 미리
준비하고 조용히 웅크리고 있다

겨울 풀밭은 스쳐 지나는 바람에도
움직임이 없고 무거운 정적만 흐른다

황량한 모래톱을 지키며 힘겹게 서 있는
갈대들도 바람에 풍화 되어가고

겨울 풀숲의 곤충은 한 해를 마무리하고
주검만을 남기고 소리 없이 떠난다

행복은 이미 와 있는데

앞만 보고 사는 삶이
전부가 아닌데
조금 천천히 가자 생각하고
자신을 들여다보니
삶의 무게에 짓눌린 내가 보이네

오늘 주어진 하루가
생의 전부라 생각하니
보이지 않던 행복이 저기 보이네

사랑하는 사람과 함께
하루를 시작하는 것이
행복인 것을 미처 알지 못했네

행복은 잘 찾아보니
멀리 있지 않으며
거창하지 않고 소박한 곳에 있었네

호수

물은 소리 없이 호수를 이루고
산은 말없이 호수를 품으니
호수는 하늘을 담고
산 그림자를 담는다

바람 따라 잔잔한 파문이 일면
달빛 젖은 물결 속에
노을 같은 그리움이 번진다

가을 잎새에 물이 들면
깊은 산 그리움 호수만큼 넓으니
마음을 달래려고 말없이
바라보다 돌아선다

그리움을 가슴 깊이 숨겨두고
쓸쓸하게 돌아서는 내 마음을
호수는 알까

길게 우는 새소리에
가을은 점점 깊어만 가고
잊으리라 잊으리라 다짐하건만
그리움만 깊어지네

김선보 제4시집
달빛 먹는 날

인쇄일: 2018년 11월 10일
발행일: 2018년 11월 15일

지은이: 김선보
펴낸이: 최경식
펴낸곳: 도서출판 청옥문학사
인쇄처: 세종문화사

등록번호 제10-11-05호
E-mail: sik620@hanmail.net
전화: 051-517-6068

값 10,000원

ISBN 978-89-97805-79-2 03810

이 도서의 국립중앙도서관 출판예정도서목록(cip)은 서지정보유통지원시스템 홈페이지(http://seoji.nl.go.kr)와 국가자료공동목록시스템(http://www.nl.go.kr/kolisnet)에서 이용하실 수 있습니다.(cip2018035591)